정직과 나눔을 실천한 기업인, 유일한

정직과 나눔을 실천한 기업인, 유일한

임정진 글 | 유기훈 그림

초판 1쇄 인쇄 | 2006년 3월 1일
초판 1쇄 발행 | 2006년 3월 2일

발행처 | 도서출판 작은씨앗
공급처 | 도서출판 보보스
발행인 | 김경용

등록번호 | 제 300-2004-187호
등록일자 | 2003년 6월 24일

서울특별시 종로구 사직동 262-8
전화 02 333 3773 팩스 02 735 3779
홈페이지 | www.bobosbook.co.kr
한글 도메인 | 작은씨앗

ISBN 89-90787-36-X 73810

잘못된 책은 구입하신 서점에서 바꾸어 드립니다.

정직과 나눔을 실천한 기업인

유일한

임정진 글 | 유기훈 그림

유일한 박사를 소개하며

어릴 적에 학교에서 오래 달리기를 하거나 토끼뜀을 뛰고 난 후 다리가 저리고 아프면 친구들이 서로 다리에 안티푸라민을 발라주면서 간지럽다고 웃었던 기억이 있습니다.

그러나 그 약을 만든 유일한 박사에 대해서는 세금을 잘 낸 정직한 기업가라는 것밖에 몰랐습니다.

이번에 글을 쓰기 위해 자료를 조사하면서 보니 정말 특별한 분이란 걸 알게 되었습니다. 그는 9살에 미국으로 공부하러 갔던 조기 유학의 선구자였고, 멋진 미식축구 선수였으며, 튼튼한 신문배달원이었고, 애국심이 투철한 독립운동가였으며, 유능한 큰 장사꾼이었고, 손 큰 교육후원자였고, 한 푼도 틀림없는 성실납세자였습니다.

기업가는 기업을 잘 경영하는 것 자체가 사회와 국가에 큰 봉사입니다. 일자리를 제공해서 많은 이들이 안락하게 생활

할 수 있게 하고 사회에 필요한 물건이나 서비스를 제공하는 일은 정말 중요하고 보람된 일입니다.

우리나라에는 많은 기업가들이 있었지만 돌아가신 후에도 유일한 박사처럼 많은 사람에게 오래도록 존경받는 기업가는 그리 많지 않습니다.

돈을 어떻게 정직하게 벌어야 하는지, 그 돈을 어떻게 써야 보람되고 멋진지 유일한 박사는 몸소 보여주셨습니다.

어린이들이 앞으로 어떤 어른이 되어야 할지 생각해볼 때 좋은 기준이 되어줄 수 있는 분이라고 생각했습니다.

물론 저도 마음 속 깊이 존경할 분을 한 분 더 알게 되어 기쁘기 그지없습니다.

이야기 아줌마, 임정진

차례

미국이 어디에요? 8

내 힘으로 공부해야지 18

사업에 눈을 뜨다 36

약으로 아픈 백성을 구하리라 45

전쟁의 피해를 뚫고 72

학교를 세워 인재를 키우자 84

미국이 어디에요?

평양에서 큰 장사를 하던 유기연은 기독교 세례를 받고 서구의 발전된 문물에 관심이 많았습니다. 그는 우리 나라가 잘 살게 되려면 신기술을 많이 배운 인재가 필요하다고 생각했습니다.

어느 날 교회에 다녀온 유기연은 두루마기를 벗으면서 맏아들 일형을 불렀습니다.

"너 미국에 가야겠다. 교회 선교사들이 한국 아이 둘을 미국에 보내준단다. 이런 기회가 쉽지 않지."

일형은 어리둥절했고 놀란 어머니는 울었습니다.

"이역 만리(자신의 고향이나 나라에서 멀리 떨어진 곳)에 어린애를 어찌 혼자 보냅니까?

저 아이를 미국에 보내려거든 나랑 이혼하고 보

내시구랴."

하지만 아버지 유기연은 한번 정한 생각을 바꾸지 않았습니다.

"일형아, 미국이라는 나라는 물자가 풍부하고 기술이 발달한 나라이다. 너는 그곳에 가서 앞선 문물을 배워와 우리 나라를 위해 일해야 한다."

지금은 미국으로 유학 가는 일이 흔하지만, 그때는 한국에서 배를 타고 태평양을 건너간다는 것이 아주 어렵고 드문 일이었습니다. 백년 전이었으니까요. 더구나 어린애를 혼자 미국처럼 낯선 곳에 보낸다는 것은 상상도 하기 힘든 시절이었습니다.

며칠을 어머니는 밥도 안 먹고 울었습니다. 일형은 호기심도 생기고 두렵기도 했습니다. 아버지는 일형이 신학문을 배워 한국을 위해 큰 일을 할 중요한 사람이 되어야한다고 여러번 강조했습니다.

아버지는 일형의 손을 잡고 시내의 큰 사진관으로 갔습니다. 둘 다 양복을 입었는데 평양에서 양복을 입을 수 있는 사람은 몇 안 되던 때였습니다.

'퍽' 눈이 부시도록 환하게 마그네슘 조명탄(그 당시 쓰였던 촬영용 조명기구)이 터졌습니다.

얼마 후 일형은 결국 대한제국 순회공사 박장현을 따라 미국 가는 배를 타러 갔습니다. 항구에서도 어머니의 눈물은 그치지 않았습니다. 3월의 바닷바람은 쌀쌀하여 볼이 얼어서 빨개졌습니다.

"부디 건강해라. 밥 잘 먹고, 아프지 마라. 알았지?"

어머니 김기복은 일형의 손을 부여잡고 몇 번이나 같은 말만 했습니다. 어머니는 9살밖에 되지 않은 맏아들 일형을 그런 곳에 보내고 싶지 않았습니다.

아버지는 박장현 공사에게 아이들을 미국 대륙의 중심에 데려다 달라고 부탁했습니다. 아버지는 서울처럼 미국도 중앙에 큰 도시가 있는 줄만 알았습니다. 미국은 동부에 큰 도시가 많다는 걸 알았다면 그리 부탁하지 않았을 겁니다.

"한시도 우리 나라를 잊지 마라. 몸 건강히 공부 열심히 하거라."

아버지는 일형이 어디가든 잘 해내리라 믿었습니다. 일형은 어금니를 꽉 깨물고 아버지에게 작별인사를 했습니다.

뚜—

일형은 뱃머리에 서서 아버지와 어머니, 그리고 조국이 멀어져 가는 걸 바라봤습니다. 언제 다시 올지 알 수 없었습니다. 눈물은 곧 바닷바람에 말

라버렸습니다. 배 멀미를 하면서 태평양을 건너가
느라 지치고 힘들었습니다.
 "어어. 돈이 어디 갔지?"
 어느 날 일형은 아버지가 준 용돈을 소매치기 당
해 하늘이 노랬습니다.

'난 부잣집 도련님이 더 이상 아냐. 가난한 고학생인거야.'

일형은 이를 악물었습니다.

미국땅을 밟으니 놀라운 풍경이 펼쳐졌습니다.

눈 색깔도 머리카락 색깔도 다 다른, 키 큰 사람들이 분주하게 움직였고, 길은 널찍하고, 땅은 끝없이 넓었습니다.

미국의 풍요로움은 상상 이상이었습니다.

'우리 나라도 이렇게 잘 살아야지. 꼭 그런 날이 올거야.'

일형은 또 기차를 타고 미국의 중앙부 네브라스카주로 갔습니다. 커니라는 작은 동네의 한 목사님이 일형을 신앙심 깊은 자매가 사는 집으로 데려갔습니다.

말도 알아듣지 못하고 떨렸지만, 낯선 사람들에게 좋은 인상을 주고 싶던 일형은 의젓하게 미소를 지었습니다.

내 힘으로 공부해야지

"오, 웰컴."

38살, 36살의 자매는 낯선 나라에서 온 작은 소년을 반가이 맞아주었습니다. 아주머니들은 일형을 '리틀 류'라고 불렀습니다. 집안에는 석탄을 때는 스토브가 있었고 나무를 때는 벽난로도 있었습니다.

다음 날부터 일형은 스스로 일을 도왔습니다. 마당을 청소하고 창고에서 땔감을 가져와 쓰기 편한 곳에 놓고, 재와 그을음도 자주 청소했습니다. 물

도 길어왔습니다.

평양에서는 그런 일을 하인들이 다 했지만 이제 일형은 도련님이 아니었습니다. 하숙비도 안 내고 지내는 대신 무엇이든 보답을 하고 싶었습니다.

"굿잡…", "땡큐" 아주머니들은 리틀 류를 대견하게 생각했습니다. 하지만 학교에서는 지내기가 쉽지 않았습니다. "아 유 차이니즈?" 일형은 중국인이냐는 질문을 제일 많이 받았습니다. 대한제국(1897년에서부터 1910년의 국권 침탈 때까지의 우리 나라 국호)이라는 이름을 들어보지 못한 학생이 대부분이었기 때문입니다. 나라 이름을 말해주어도 미개한 부족 국가 쯤으로 여기는 눈치여서 분했지만 어쩔 수가 없었습니다.

'어서 우리 나라가 잘 살게 되어야 돼. 그래야 아무도 우리 국민을 무시하지 못할텐데'

일형은 밤낮으로 열심히 공부했습니다. 하지만 9살 소년은 어머니가 보고 싶고 집이 그리웠습니다. 어느 날 밤에는 뒤뜰로 나가 나무를 끌어안고 오래오래 작게 흐느껴 울었습니다.

"엄마~ 엄마~"

고추장이 너무 먹고 싶은 날 일형은 중국 노동자들이 일하는 철도공사장에 가보았습니다. 하지만 중국인들도 고추장은 먹지 않아 토마토 케첩을 얻어먹고 왔습니다. 영어가 능숙해지자 일형은 신문배달도 하고 잔디 깎이를 하며 용돈을 벌었습니다.

일형은 점점 더 의젓하고 마음이 강한 소년으로 커갔습니다. 두 아주머니는 영리한 일형을 매우 사랑하였습니다.

1909년 6월, 커니의 한 농장에 한인소년병학교

가 설립되었습니다. 미국에 올 때 일형의 일행이었던 박용만이 독립군을 양성하려고 세운 학교였습니다. 14살이 되어 초등학교를 졸업한 일형은 한인소년병학교에 입학하였습니다. 아주머니들도 일형이 애국심을 가진 소년으로 자라나기를 바랐습니다. 학교는 조금 후, 더 큰 도시인 헤스팅스로 옮겨갔습니다. 그 학교에서는 독립전쟁의 지휘관이 되는 공부를 하였는데 학생들은 방학이면 일을 해서 스스로 돈을 벌어 학용품과 옷을 사야만 했습니다. 아무도 그런 어려움을 불평하지 않았습니다. 조국의 독립을 위해서라면 그 정도 고생은 아무것도 아니었습니다.

1911년, 16살의 일형은 드디어 헤스팅스의 고등학교에 들어갔습니다. 아버지는 유학 간 일형에게 돈을 한 번도 부쳐주지 않았습니다. 일본이 한국을 점점 압박해오고, 한국의 상인들은 돈을 벌기 어려웠고, 미국으로 돈을 부치기도 힘들었습니다. 하지만 일형은 원망하지 않았습니다.

미국으로 오는 배를 탄 순간, 일형은 자기 인생에서의 독립투사였습니다. 일형은 학비를 위해 또 신문배달을 하였습니다. 신문보급소 사람들은 일형의 이름을 부르기 어려워했습니다. 하루는 보급소장이 일형의 이름을 타이프라이터로 치다 잘못해서 '일한'으로 치게 되었습니다. 일형은 그걸 보고 웃다가 생각했습니다.

'일한이라… 한은 한국을 상징하기도 하니까, 일한으로 이름을 바꾸는 것도 좋

겠어.'

"콜 미, 일한." 일형은 일한으로 이름을 바꾸고 아버지에게도 편지로 알렸습니다. 애국심이 강했

던 아버지는 '한'의 뜻이 좋다며 다른 형제들의 돌림자도 모두 '한'으로 바꾸어버렸습니다.

어느 날 신문에 한국에 대한 기사가 나와 일한은 반가운 마음에 얼른 읽어보았습니다. 그러나 좋은 소식이 아니었습니다.

'한일합방이라니. 이런 치욕이 있나.'

일한은 분하고 억울했습니다. 이제 조국은 식민지가 되어버렸습니다.

'나도 우리나라 독립을 위해 무언가를 하고 말거야!'

일한은 주먹을 쥐고 서 있었지만 눈물이 고였습니다.

이제 나라 없는 백성이 되고 만 것이었습니다. 신문배달만으로는 학비와 기숙사비, 용돈을 다 마련하기 어려웠습니다. 다행히 학교에서는 미식축구

부원들에게는 장학금을 주고 있어 일한은 어렵게 미식축구부에 들어갔습니다. 미국 선수들에 비해서는 덩치가 작은 편이었지만 열심히 센터포워드로 활약했습니다. 학교에 남은 기록을 보면 일한을 이렇게 소개했습니다.

'얼굴색이 노란 동양 출신 학생, 키는 작지만 날렵하고 불같은 투지를 지닌 천재적인 선수. 앞으로 미국에서 최고의 선수가 될 것으로 기대된다'

일한은 자랑스러운 마음으로 미식축구선수가 된 소식을 아버지에게 알렸습니다. 아버지에게 한지 봉투에 담긴 답장이 왔습니다. 종이만 만져도 고향 냄새가 나는 듯하여 일한은 몇 번이나 봉투를 어루만진 후 편지를 읽었습니다.

너는 지금 한가하게 놀 때가 아니다. 조선인은 나

라를 빼앗겼다. 네가 어서 인재로 자라나 우리나라 주권을 다시 찾는데 도움이 되어야하지 않겠느냐. 우리 집은 곧 북간도 연길로 이사한다. 네 누이가 독립운동가들의 비밀연락책을 맡았다고 일본경찰들이 의심하여 평양에서는 도저히 더 살 수가 없구나. 부디 네가 정신을 차리고 밤낮으로 공부를 열심히 하여 조선의 중요한 일꾼이 되길 바란다.

일한은 아버지의 화난 모습이 떠올랐습니다. 아버지는 미국의 교육방식에 대해서는 알지 못하는 분이셨습니다. 조선에서는 선비들이 몸을 부닥쳐 가면서 운동을 한다는 건 상상할 수 없었습니다. 일한은 다시 차근차근 설명했습니다.

……아버님 미국의 학교에서는 성적이 좋아야만 운동을 하는 것이 허락됩니다. 그리고 운동선수들에게는 장학금이 나옵니다. 저는 그 장학금이 꼭 필요합니다.……

아버지는 그제서야 더 이상 걱정하지 않았습니다. 그 새 일한의 동생은 8명으로 늘어나 있었고,

가족들은 모두 연길로 이사를 했습니다. 연길에는 많은 독립운동가들이 조선의 독립을 앞당기기 위해 애쓰고 있었습니다. 아버지는 차남을 러시아로 3남은 중국으로 5남은 일본으로 각각 떠나보냈습니다. 북간도로 이주한 조선인들은 특히 교육에 많은 관심을 쏟았습니다. 나라를 찾으려면 무엇보다 실력있는 인재가 필요하다고 생각했기 때문입니다.

일한은 웅변클럽에도 가입했고 무슨 일이든 혼자 힘으로 해결할 수 있다는 자신감을 갖게 되었습니다. 일한은 대학에 진학하고 싶었습니다. 그 당시에는 고등학교를 졸업하고 대학에 가는 일이 지금보다 훨씬 드물었습니다. 선생님들은 기꺼이 일한을 위한 추천서를 써주었고, 일한은 네브라스카 주립대학에 입학허가를 받았습니다. 일한은 그 기쁜 소식을 북간도에 편지로 알렸습니다. 그러나 아버지의 답장은 뜻밖이었습니다.

고등학교를 졸업하게 된다니 기특하고나. 대학은 포기하고 집에 돌아와라. 사업이 실패하여 어려운 형편이 되었으니 맏아들인 네가 돌아와 집안을 일으켜야겠다.

장사에 능한 아버지가 사업에 실패하였다니 눈앞이 깜깜하였습니다. 얼마나 어렵게 대학입학을 하게 되었는데 북간도로 돌아가야 하다니 절로 눈물이 나왔습니다.
'그럴 수는 없습니다. 아버지... 저는 지금 돌아가지는 않겠습니다.'
일한은 이를 악물었습니다. 이렇게 대학을 포기할 수는 없었습니다.

사업에 눈을 뜨다

일한은 대학 입학을 1년 연기하며 돈을 벌 생각을 하였습니다. 그러나 당장 살 길이 막막한 가족들에게 굶으면서 1년을 기다리라 할 수는 없었습니다. 친구들은 졸업파티를 신경쓰는데, 일한의 얼굴은 점점 어두워져갔습니다. 일한은 고민 끝에 선생님을 찾아갔습니다.

"일한. 어디 아프니? 얼굴이 왜 그렇지?"

일한은 자기 사정을 이야기 했습니다.

"저는 지금 북간도로 가고 싶지 않아요. 대학을

졸업하고 조국으로 돌아가고 싶어요. 그리고 일자리를 구하기도 북간도보다는 미국이 더 좋습니다. 하지만 1년간 가족들이 기다리기는 힘들 것 같고…"

선생님은 어디엔가 전화를 하더니 환하게 웃었습니다.

"일한. 너같이 성적과 품행이 우수한 학생은 은행에서 돈을 빌릴 수가 있어."

"하지만 저는 담보가 없어요."

"너에게는 신용이 있지. 그리고 나는 너를 보증한다고 서명할거야."

동양에서 온 빈털털이 학생에게 누가 돈을 빌려주다니, 일한은 믿을 수 없었습니다. 선생님은 일한이 충분히 돈을 벌어 갚을 능력이 된다고 확신했습니다. 그래서 선생님이 보증을 서고 일한이 은행에서 100달러를 빌릴 수 있도록 해주었습니다.

"감사합니다, 선생님. 이 은혜는 잊지 않겠습니다."

"은혜는 잊어도 좋아. 돈 갚는 날짜만 잊지마. 일 년 후야."

"네. 걱정마세요."

일한은 그날 마음 속 깊이 결심했습니다.

'나중에 나도 학비가 없는 학생들을 도울 거야. 반드시 그런 날이 올 거야.'

그 당시 한국에서 100달러를 벌려면 몇 년을 벌어야 하는 큰 돈이었습니다. 일한의 아버지는 그 돈을 받아 북간도의 땅을 사 농장을 만들었습니다. 일한이 가족을 구했습니다.

일한은 일자리가 많은 디트로이트로 가, 에디슨 변전소에 취직했습니다. 일한은 남보다 더 많이 일

해서 시간외 수당을 받았습니다. 디트로이트는 산업이 발전한 큰 도시였고, 커니나 헤스팅스같은 작은 마을과는 비교가 되지 않는 복잡한 도시였습니다. 일한은 그곳에서 이주해 일하는 많은 중국인들도 보았고, 미국의 산업이 얼마나 빠르게 성장하는지도 보았습니다.

일 년 만에 일한은 은행에서 빌린 돈을 다 갚았습니다. 일한을 믿고 보증을 서준 선생님께도 웃으면서 연락하였습니다.

이제는 진짜로 대학에 입학해야 했습니다. 일한은 1916년, 디트로이트와 가까운 앤 아버의 미시건 주립대학에 입학하여 상과 공부를 하기로 하였습

니다. 주립대는 학비가 싸서 좋았습니다. 일한은 대학 1년간 신문배달, 중국음식점 주방일 등 여러 가지 아르바이트를 해 생활비와 학비를 마련했습니다. 하지만 장사를 직접 하면 더 짧은 시간에 필요한 돈을 벌 수 있을거라 생각했습니다.

'이 곳은 중국인들이 많아. 이들을 상대로 무얼 팔면 좋을까?'

일한은 중국인들이 좋아할 만한 물건을 골라왔습니다. 고국에 대한 향수를 갖고 있는 중국인들은 일한이 보여주는 중국의 손수건, 그릇 같은 일상용

품들, 벽걸이나 액자 같은 장식품, 카페트를 아주 좋아했습니다. 공부에 방해가 되지 않는 시간에 장사를 하면 되니 편하기도 했습니다.

"오오, 이거 고향에서 우리 어머니가 쓰던 거하고 똑같아."

중국인들은 고국의 물건을 기쁘게 샀고 일한은 학비와 생활비 걱정 없이 살게 되었습니다. 일한은 아버지에게서 장사꾼의 소질을 물려받은 것에 감사했습니다. 일한은 대학 내의 동양인 학생들을 위해 한중학생회를 만들어 회장직을 맡아 한국과 중국서 온 유학생 친구들을 통솔하기도 하였습니다. 그리고 미시건대에서 호미리라는 중국인 여학생을 알게 되어 친하게 지냈습니다. 상과대학에서 공부한 일한은 장사를 해보았으므로 실습까지 확실하게 하며 대학시절을 보낸 셈이었습니다.

약으로 아픈 백성을 구하리라

1910년 나라의 주권을 일본에 빼앗긴 후, 독립을 하려는 여러 운동이 있었습니다. 그 중 가장 큰 사건은 바로 1919년 3.1 독립만세 운동이었습니다. 독립운동은 다른 나라에서도 조선 사람이 사는 곳이라면 이어졌습니다. 미국의 한인들도 3.1 독립만세 소식을 듣고 필라델피아에서 4월 14일부터 3일간 한인자유대회를 열었습니다. 세계만방에 한국인들의 독립 의지를 알리는 행사였습니다. 이승만, 서재필, 조병옥, 임병직 등의 중요 인사가 행사를

주도하였고 유일한도 함께 일했습니다. 일한은 10개의 결의문을 낭독하고 참석한 외국인들을 위해 중요 내용을 통역했습니다. 24살의 대학생 일한은 재미 한국인 대표의 한 사람으로 자기 몫을 충실히 해냈습니다. 거기서 만난 서재필 박사와 친하게 되어 그 후로도 여러 가지 일을 의논하는 사이가 되었습니다. 서재필 박사는 유일한을 신임하였습니다.

"자네처럼 유능한 젊은 인재가 많으면 대한의 앞날은 밝을 것이네."

일한은 드디어 꿈처럼만 생각되던 미국에서의 대학 졸업장을 손에 쥐게 되었습니다. 두려움에 떨며 미국에 온 지 15년만이었습니다. 가족은 아무도 참석하지 못한 졸업식에서 일한은 친구들의 축하를 받았습니다. 여자 친구 호미리는 의과대공부를 하

러 코넬대학으로 떠났고 일한은 미시건 중앙 철도회사에 회계사로 취직을 하였습니다. 얼마 후 일한은 제너럴 일렉트릭 회사로 옮겨 일하게 되었고 호미리는 미국에서 동양인으로는 최초의 소아과의사 자격증을 땄습니다. 일한은 1922년에 회사를 그만두고 자기 사업을 하기로 하였습니다.

"그 좋은 직장을 그만 두다니 아깝지 않은가?"

친구들은 걱정했지만 일한은 학교 다니면서 했던 여러 경험을 바탕으로 장사를 잘 할 자신이 있었습니다. 일한은 친구 스미스에게 함께 사업을 하자고 권했습니다.

"무슨 사업이든 자네가 한다면 같이 하겠네."

스미스는 대학 때 일한을 지켜보아서 친구의 능력을 잘 알고 있었습니다. 미국에는 중국인들이 많이 일하고 있었는데 그들은 만두를 즐겨 먹었습니다. 만두에는 숙주나물이 꼭 들어갑니다. 둘은 '라초이 식품회사'를 만들어 숙주나물을 팔기 시작하였습니다. 그런데 숙주는 쉽게 상하므로 신선하게 보관하는 것이 문제였습니다. 일한은 연구 끝에 숙주를 통조림에 넣었습니다.

"일한. 숙주나물 캔을 중국인들이 아주 좋아해. 이 주문서 좀 보라고. 하하하."

숙주가 너무 잘 팔려서 원료인 녹두가 부족할 지경이었습니다. 북간도의 아버지는 일한이 미국에서 콩나물 장사를 한다는 소문을 듣고는 당장 편지를 해 아들에게 호통을 쳤습니다. 아버지는 아들이 미국에서 좌판에 콩나물을 무더기로 쌓아놓고 파는 것을 상상하였던 것입니다.

콩나물장사라니 그게 무슨 짓이냐. 조국을 위해

일할 준비를 해야지. 당장 때려쳐라.

일한은 아버지에게 숙주 판매가 얼마나 큰 사업으로 자리 잡아가고 있는가를 설명하였습니다. 북간도의 아버지는 비로소 안심하였습니다. 일한은 그 다음 해엔 국제무역회사 류한주식회사를 세우고 서재필 박사를 사장으로 모셨습니다. 그리고 1925년 소아과의사가 된 호미리와 결혼하였습니다. 호미리의 가족은 유일한이 가난한 나라의 사람이었지만 정직하고 유능한 것을 알고 결혼을 축복하였습니다. 결혼까지 한 일한은 더욱 가족이 그리웠습니다.

"북간도에 다녀와야겠어. 녹두도 구해오고 가족들도 만나봐야겠어."

일한은 부인에게 그리 말하고 여행을 떠났습니

다. 일한은 북간도로 가 드디어 그립던 가족을 만났습니다. 9살짜리 어린 아이가 서른살의 어른이 되어 돌아온 것이었습니다. 21년만이었습니다.

"어머니…일형이 왔습니다."

어머니는 말없이 일한을 붙잡고 울었습니다. 처음 보는 동생들도 있었습니다. 가족들은 미국풍 신사가 되어 온 일한이 낯설기도 하고 자랑스럽기도 했습니다.

아버지는 일한의 국제결혼이 영 마음에 들지 않아 반갑지 않은 얼굴이었습니다. 그 당시에는 국제결혼을 집안의 수치로 생각하였습니다.

"기어코 내가 반대하는 결혼을 네 멋대로 하였구나."

"아버지. 호미리는 좋은 여자입니다. 호미리 집안에서는 한국인이라는 이유로 저를 박대하지 않으셨습니다."

"흠 그거야 사위니까 그렇지. 며느리하고 같으냐."

일한은 조금 섭섭했지만 아버지를 이해했습니다. 당시의 한국 관습으로는 당연한 생각이었습니다.

녹두를 구하러 다니면서 일한은 북간도에 사는 한국인들의 생활을 둘러보았습니다. 미국의 풍요롭고 편리한 생활에 익숙해져 있었던 일한은 북간

도 조선인들의 비참한 생활을 보고 충격을 받았습니다.

'한국인들도 잘 살아야지. 우리 백성들도 더 깨끗하고 더 건강하고 더 여유롭게 살 수 있게 해야지. 내가 도울 방법이 있을 거야.'

일한은 녹두를 파는 중국 상인을 만났습니다. 그런데 그 상인은 장사가 안 되는 척 하려고 일부러 작고 더러운 가게에서 일했습니다. 사업은 잘 되는데 세금을 적게 내려고 별의별 수단을 다 썼습니다. 하지만 일본 상인들은 정직하게 세금을 냈습니다. 나라는 중국이 더 큰데도 나라의 힘은 일본이 더 셌습니다. 그걸 보고 일한은 국민이 내는 세금이 얼마나 중요한가를 알았습니다.

'강대국의 국민으로 살고 싶다면 세금을 잘 내야 돼.'

미국으로 돌아온 일한은 커다란 결정을 했습니다.

"조국으로 돌아가야겠어. 우리 민족을 위해 일하겠어."

일한의 말에 부인도 놀랐지만 동업자 스미스는 더욱 놀랐습니다.

"일한. 이 사업은 전망이 밝아. 그리고 너의 조국은 지금 사업하기에 좋지 않아. 일본이 한국인의 기업을 잘 되게 두겠어?"

"조국을 잘 살게 하는 일을 미룰 수만은 없어. 미안하지만 내 몫을 처분해주게."

부인도, 친구도 일한의 애국심에 감동하여 귀국에 찬성하고 말았습니다. 일한은 그 결정을 서재필 박사에게도 말씀드렸습니다.

"개인적으로야 서운하지만 그 뜻이 크고 훌륭하

니 축하를 해야지요. 이것은 내 딸이 조각한 버드나무인데 기념으로 가져가시오."

일한의 성이 버드나무라는 뜻의 류씨임을 상징하는 조각이었습니다.

"감사합니다. 소중히 간직하겠습니다."

"그래. 고국에 가서 무슨 사업을 할 계획이오?"

"미국에는 좋은 약이 많은데 우리 조국에는 그런 약들이 없어 가벼운 병을 깊은 병으로 만들고 마는 사람이 많습니다. 건강해야 주권도 누리는 것이 아니겠습니까. 우선 약을 수입해 보급하고 그 후엔 약을 직접 만들 생각입니다."

일한은 버드나무 조각품을 소중히 들고 부인과 함께 한국에 왔습니다. 1926년, 그가 31살 때였습니다. 미국서 성공한 기업가가 중국인 부인과 함께 조국으로 돌아왔다고 신문에 기사가 실릴 정도로

모두를 놀라게 한 일이었습니다.

북간도에 있는 가족들도 다시 한국으로 왔습니다. 드디어 12월 10일 종로2가에 유한양행 사무실이 문을 열었습니다. 그리고 서재필 박사에게 받은 버드나무 조각을 회사의 상징마크로 사용하기로 하였습니다.

회사를 세우면서 그는 '정성껏 좋은 상품을 만들어 국가와 동포에 봉사하고 정직, 성실하고 양심적인 인재를 양성 배출하며, 기업이익은 첫째는 기업을 키워 일자리를 만들고, 둘째는 정직하게 납세하며, 셋째는 그리고 남은 것은 기업을 키워준 사회에 환원한다.'는 마음을 다졌습니다.

회사를 설립하는 날부터 그는 기업의 목적을 국가에 봉사하는 것으로 정했습니다. 그 결심은 그가

죽을 때까지 변하지 않았습니다. 회사의 직원들에게는 유한양행의 정신을 이렇게 마음에 새기도록 하였습니다.

1. 항상 국민 보건을 위하여 일해야 한다.
2. 우리 민족이 일본 민족보다 못하지 않다.

민족의 긍지를 갖고 일해야 한다.
3. 유한은 결코 개인을 위해서 있는 것이 아니다. 사회를 위해서 있는 것이며, 이 길을 통해서 경제 수준을 높여야 한다.

누구나 기업의 기본 목적은 이윤추구라고 생각하고 있습니다. 적은 투자로 더 많은 이익을 남기기 위해 기업가들은 늘 노력합니다. 기업이 잘 운영되면 국가는 기업에서 세금을 받고 국민들은 일자리를 갖게 되고 좋은 물건을 사서 쓸 수 있게 됩니다. 그것만으로도 기업은 아주 훌륭한 역할을 하는 것입니다. 그런데 유일한은 조금 더 특별한 기업가가 되고 싶었습니다. 기업으로 얻은 이익을 나를 위해 쓰는 게 아니고 애국하는 일에 모두 쓰고 싶어 했습니다.

"무슨 약이 우리 국민들의 건강에 가장 필요할까?"

유일한은 1927년부터 폐결핵, 학질, 기생충, 피부병 약 등 국민 보건에 꼭 필요한 약을 수입해서 값싸게 팔기 시작하였습니다. 그동안 약을 터무니없이 비싸게 팔아 많은 이익을 남기던 일본 회사들은 당황하였습니다. 얼마 후부터는 염료, 위생용품, 화장품, 농기구 등도 수입해서 판매하였습니다. 그때는 약 광고를 무조건 만병통치약처럼 광고하는 경우가 많았습니다. 그러나 유한양행의 약 광고는 정확한 치료효과만 알릴 뿐, 절대 과대광고를 하지 않았습니다.

우리나라 최초의 기업광고도 유한양행이 시작하였습니다. 아무 상품 이름도 없이 단지 유한양행을 알리면서, 약은 의사의 지시대로 복용해야 한다는 내용의 광고였습니다. 그런 광고를 처음 본 사람들은 어리둥절했지만, 곧 버드나무 상표를 기억하게 되었습니다.

유일한은 원칙과 양심, 법을 중요시 하고 조금도 어김이 없었습니다. 그래서 아랫사람들은 일하기가 어렵다고 종종 투덜거렸습니다. 그러나 때로는 원칙을 무시한 직원을 칭찬하는 때도 있었습니다. 1932년, 홍병규라는 신입직원이 밤에 혼자 창고를 지키는데 해주 도립병원에서 혈청주사약이 급히 필요하다는 연락이 왔습니다. 비싼 약품이 가득 든 창고문은 절차에 따라 담당자가 확인하고 여는 게 원칙이었습니다. 하지만 사람이 죽어간다고 하는 말을 듣고 홍병규는 과감하게 문을 열고 약을 찾아 잘 포장해 서울역으로 달려갔습니다.

"사람을 살려야 되는 약입니다. 해주와 신의주로

갈라지는 토성역에서 밖으로 던져주시면 병원 사람들이 주워갈 것입니다. 부탁드립니다."
 기관사도 그 밤중에 달려온 제약회사 직원의 성의를 기특하게 생각해 토성역에서 약을 던져주었

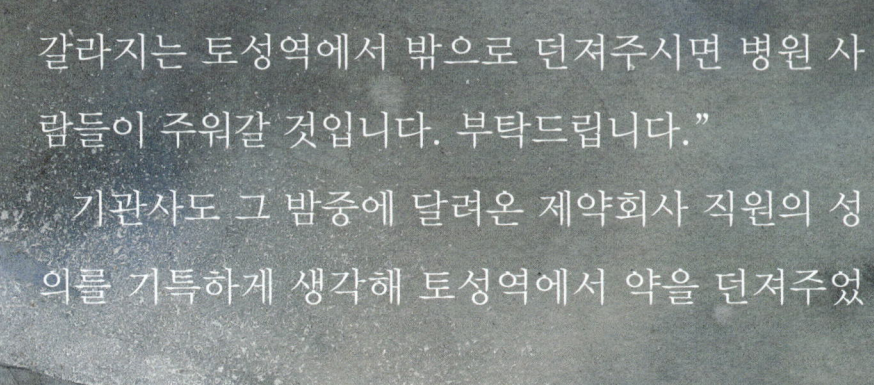

습니다. 해주도립병원 직원들은 그 약을 받아 수술을 해 환자의 생명을 살렸습니다.

"창고문을 맘대로 열었다고? 사람을 살렸어? 잘 했네. 우리가 왜 약을 만드나. 사람 살리려고 하는 거지. 잘 했어."

유일한은 그를 칭찬해주었고 그는 더욱 열심히 일해 나중에 유한양행 사장이 되었습니다.

1936년 유한양행은 주식회사로 전환하였습니다. 주식회사는 회사가 한 사람의 것이 아니고 많은 주주들이 투자하고 그 이익을 투자한 만큼 나누어 갖는 회사입니다. 유일한은 다른 사람의 투자가 필요 없었지만 혼자만 잘 사는 것보다 여럿이 같이 잘 사는 방법을 원했습니다.

"우리 손으로 약을 만들어야지. 수입만 해서야

되겠는가."

36년 8월부터 소사에 공장을 짓기 시작하여 39년에 드디어 공장을 완공하였습니다.

"우리가 만드는 약은 일본약, 미국약보다 품질이 좋아야 해. 상해에 있는 화학자 데이비드 발레트 박사를 모셔와야겠소."

발레트 박사를 중심으로 연구소를 만들어 좋은 약을 만들 수 있는 기술을 개발하였습니다. 공장이 완공되자 사람들은 또 놀랐습니다. 공장 안에는 직원들이 살수 있는 집과 기숙사 뿐만 아니라 체육시설과 수영장, 회관까지 갖추어져 있었습니다. 그 당시로서는 누구도 생각지 못 했던 사원 복지 시설이었습니다.

유한양행의 약이 무조건 잘 팔린 것은 아니었습

니다. 유한양행의 '네오톤'은 비슷한 약효를 가진 일본 약 '부루도제'와 경쟁을 해야 했습니다. 일본 총독부 약정당국은 유한양행을 무너뜨리려고 온갖 비겁한 방법으로 일본약을 보호했습니다. 그러나 유일한은 조금도 기죽지 않고 과감하게 광고를 하고 판매망을 넓혀나갔습니다. 네오톤의 인기가 날로 높아지자 만주지역에 보내는 네오톤은 큰 드럼통에 넣어 보낼 정도로 인기가 좋았습니다.

한국의 제약회사가 일본 약과 당당히 싸워 이기자 언론에서도 〈버드나무와 사꾸라의 싸움. 승리의 여신은 버드나무에게...〉라는 기사를 썼습니다. 유일한은 신상(신사상인 紳士商人의 줄임말)으로 품위도 지켰고 철저한 경영인으로서 필요한 용기도 있었습니다.

유한양행의 약은 날개 돋은 듯 팔려나갔고 직원

들은 연말에 기대도 안 했던 보너스를 받았는데 실수로 시말서를 썼던 직원들이 더 많은 보너스를 받았습니다.

"아니 경리부에서 실수한 거 아닌가?"

직원들이 웅성거리자 유일한 사장님은 빙긋이 웃었습니다.

"잘하려고 애쓰다 보니 실수도 했겠지. 아무 것도 안하고 있으면 왜 실수를 하겠는가."

유일한은 미국식의 합리주의와 한국식 인정을 잘 섞어 직원들을 이끌었습니다. 사업은 점점 커져갔고 세금은 유일한의 소신대로 한 푼도 빠짐없이 꼬박꼬박 냈으므로 세금액수도 점점 커졌습니다.

유한양행은 1937년부터 중국과 만주, 몽고, 동남아 지역으로 사업범위를 늘려갔습니다.

"세계의 유명한 제약회사들을 좀 둘러보고 우리 물건을 팔 곳을 더 개척해야겠어."

유일한은 1938년 4월, 유럽과 아메리카 대륙 쪽으로 출장을 떠났습니다. 어릴 때 신세를 졌던 커니 마을의 아주머니들도 만나보았습니다. 두 분은 리틀 류가 이렇게 성공하여 돌아오자 자기 자식이 성공한 것처럼 기뻐했습니다. 유일한은 두 분을 위해 보험을 들어드리고 후에는 여행경비도 보내드리는 등 은혜를 갚으려 애썼습니다.

여러 제약회사의 모습을 둘러보며 다니던 중 1939년 9월, 2차 세계대전이 일어났습니다. 회사를 위해서는 유일한 사장이 외국에 있는 것이 더 유리했습니다. 유일한은 일단 미국에 머물며 전쟁의 상황을 지켜보았습니다. 가족들과 미국에서 함께 지내며 유일한은 캘리포니아 주립대학 대학원에 입학하였습니다.

"무의미하게 시간을 쓰는 건 죄악이지. 대학원을 다녀야겠어."

전쟁이 끝나기를 기다리면서 유일한은 경영학 석사 학위를 받았습니다. 처음에는 유럽에서만 전쟁이 벌어졌는데 41년 12월, 일본이 미국의 진주만을 폭격하자 전 세계가 전쟁터가 되어버렸습니다. 일본의 지배를 받던 한국은 전쟁에 필요한 물자와 사람을 조달해야 했습니다. 다치는 사람이 많아 제약 회사는 더욱 바빴습니다.

"이 기회에 우리 한국도 독립을 해야 합니다. 이때를 놓치면 안 됩니다. 일본은 반드시 망합니다."

한국의 독립 지도자들은 미국과 일본이 싸우는

틈에 독립을 하는 게 유리하다고 생각했습니다. 대한민국 임시정부는 광복군을 한반도에 투입할 계획을 세웠습니다. 미국의 한민족 지도자들은 1942년 맹호군을 창설하였는데 유일한과 독립운동가 김호 선생이 조직과 재정을 담당하였습니다. 전쟁은 점점 거세어져 갔습니다. 1943년이 되자 일본은 군사가 부족하여 한국에서 학병제 징병제를 실시하여 한국인들을 함부로 전쟁터로 끌고 갔습니다.

"우리 젊은이들을 함부로 끌고 가다니, 이럴 수가 있는가."

유일한은 어서 우리나라가 독립을 해야겠다는 결심을 더욱 굳혔습니다.

1945년이 되자 일본은 전쟁물자가 부족하게 되어 한국의 모든 물자를 강제 징발하였습니다. 제약회사들도 원료를 구하지 못해 약을 만들지 못하는 때도 있었습니다. 유한양행은 사장이 반일감정을 가진 기업이라고 여러 가지 감시와 조사를 받아야 했습니다. 유한양행의 직원들은 꿋꿋하게 그 어려움들을 견디어 가면서 회사를 지켰습니다. 직원들도 다 주주이니 직원들의 회사이기도 하였습니다.

유일한은 정한경, 전경무와 같이 1945년 1월 1일부터 29일까지 미국 버지니아주 핫스프링에서 열린 태평양연안국가 회의(IPR : Institute of Pacific Relation)에 참석하였습니다. 그 회의에서는 12개국 대표 160명이 모여 전후 일본의 처리 문제를 논의했습니다. 일본이 전쟁 중에 다른 나라에서 약탈했던 기업생산품 부문에 대해 UN감시 하에 피해국에게 조속히 보상할 것을 합의하였습니다. 그 회의는 일본에게 항복을 요구하는 압력이었습니다.

유일한은 유창한 영어와 몸에 배인 세련된 태도로 각국의 대표들을 잘 설득할 수 있었습니다. 다행히 전쟁은 점점 일본에게 불리하게 진행되어 갔습니다.

'우리 손으로 국토를 수복하자. 일본의 패망이 멀지 않았다.' 맹호군은 그렇게 판단했습니다.

45년 맹호군은 국토수복작전(NAPKO Projct 냅코 작전)을 세웠습니다. 50살이 된 유일한은 나이가 많으니 후방지원을 맡으라는 권유를 뿌리치고 냅코작전에 1조 조장으로 직접 참여하기로 하였습니다.

그런데 냅코작접을 펼치려는 순간 광복을 맞게 되었습니다. 일본이 핵폭탄에 굴복하고 말았던 것입니다. 맹호군이 준비하던 작전은 써먹을 수가 없었습니다. 전쟁은 끝났습니다.

"드디어... 독립이오. 일본은 망했소."

미국에 사는 한국인들도 얼싸안고 기뻐하였습니다. 그러나 그 기쁨도 잠시 뿐, 한국은 38선을 기준으로 남북으로 나뉘어져 미국과 소련의 통치를 받는 분단국가가 되었습니다. 다들 당황했습니다.

"이게 아닌데...이런 독립을 원한 게 아니었는데..."

유일한은 가슴이 쓰라려 독립한 한국에 서둘러 돌아오지 않았습니다.

정치적 야심이 있는 이들은 광복소식을 듣고 부랴부랴 한국으로 돌아갔지만 유일한은 서두를 이유가 없었습니다.

1946년 7월, 떠난 지 8년 만에 귀국을 했습니다. 정치계로 들어오라고 부르는 사람들이 많았지만 유일한은 조금도 흔들리지 않았습니다.

"정치하는 분들은 정치로 애국하고, 나는 장사하

는 사람이니 열심히 내 일을 하렵니다. 다들 정치만 하면 기업은 누가 합니까."

사람들은 그가 정치에 나서기만 하면 성공할텐데, 좋은 기회를 놓친다고 안타까워하기도 했습니다. 그래도 유일한은 기업으로 애국하겠다는 생각에 변함이 없었습니다.

일본이 물러가자 한국 산업은 또 위기에 빠졌습니다. 일본인들이 경영하던 회사나 가게들의 일이 갑자기 중단되자 물건 구하기가 힘들어졌기 때문입니다. 회사를 가동하기 위한 원료를 구하는 것조차 어려웠습니다. 다행히 유한양행은 확보해둔 원료가 많아 간신히 생산을 해나갔습니다. 회사가 정상화되자 유일한은 또 다른 결단을 내렸습니다.

"전문경영인에게 사장직을 맡기고 나는 경영일

선에서 물러서겠습니다."

"아니 그게 무슨 말씀입니까? 왜 회사를 남에게 맡깁니까?"

모두들 놀라서 말렸습니다. 지금은 전문경영인이 맡아 일하는 회사가 많지만 그때만 해도 회사는 창업자가 경영하다, 아들이나 가족에게 물려주는 게 당연하다고 생각했습니다. 하지만 유일한은 회사를 자기 개인의 것이라 생각하지 않았기 때문에 그런 결정을 했습니다. 유일한은 새로운 사장에게 경영을 맡기고 12월에 다시 미국으로 떠났습니다.

"한국의 물건을 미국에 팔 길을 찾아보고 공부도 더 해야겠습니다."

48년부터 53세인 유일한은 스탠퍼드 대학원에서 국제법에 대해 공부하기 시작하였습니다. 나이가 들었지만 배움을 멈추지 않았습니다. 이승만 대통

령이 초대 상공부 장관을 맡아달라는 제의를 했지만 정치에 뜻이 없던 유일한은 거절하였습니다.

한국이 해방의 혼란을 간신히 수습하고 있던 1950년. 북한이 남한으로 침공하였습니다. 조국이 전쟁에 휩싸인 소식을 듣고 미국에 있던 유일한은 몹시도 가슴이 아팠습니다.

'왜 우리 민족에게는 이토록 시련이 많단 말인가.'

어쩔 수 없이 서울의 공장은 문을 닫고 말았습니다. 1952년 부산에서 임시로 공장을 설치하고 국군에 동상 연고 등을 납품하였습니다. 모든 것이 힘들고 혼란스러운 시절이었습니다. 다행인 것은 공산당들도 전쟁 중에 의약품이 필요하므로 제약공장은 파괴하지 않았습니다.

학교를 세워 인재를 키우자

전쟁이 끝나자 길거리에 전쟁 고아들이 넘쳐났습니다.

'저 가여운 아이들을 도울 방법이 없을까. 저 아이들도 교육만 잘 받으면 얼마든지 훌륭한 국민이 될텐데.'

유일한은 생각 끝에 학교를 직접 세우겠다고 결심하였습니다. 그러나 이번에도 주위 사람들은 반대했습니다.

"회장님. 우리 회사가 뭐하러 큰 돈을 들여가면

서 학교를 세웁니까. 교육사업을 하시고 싶으시면 일 년에 한번쯤 장학금을 나누어 주시면 됩니다."

하지만 유일한은 좋은 교육으로 인재를 길러내는 것도 애국이라 생각했습니다. 소사공장 안에 '고려 공과 기술학교'를 세우고 불우한 청소년들을 모집 하였습니다. 무료로 숙식을 하면서 공부를 하는 학 교였습니다. 기술을 배워 졸업하면 바로 일자리를

찾을 수 있었습니다. 1957년부터는 서울 대방동에서 고려 공과학원을 열어 기술을 가르쳤습니다. 그러나 정규 학교가 아니라서 우수한 학생들이 응모하기를 꺼려하였습니다.

"우리가 정식 학교를 세워야겠소."

기술 학교도 모자라서 정식 학교를 세우다니 직원들은 도저히 유일한 회장을 이해할 수가 없었습니다. 뭐하러 돈을 쓰면서 골치 아픈 그런 일을 하는지 알 수가 없었습니다.

"기업을 하여 번 돈은 사회에 돌려주어야지. 국가 미래를 위해서 교육이 가장 좋은 투자이지 않겠소."

유일한은 세브란스 교수인 김명선 박사를 찾아갔습니다.

"우리 나라가 발전하려면 기술 있는 인재들이 필

요합니다. 그래서 제가 정식 학교를 세우려고 합니다. 교수님이 이사장을 맡아 주셔야겠소."

학교를 설립한 사람이 이사장이 되면 되는데도 굳이 유일한은 후원자 역할만 하겠다고 하며 김명선 박사를 모셔왔습니다. 김명선 박사가 재단법인 유한학원의 이사장이 되어 1964년 유한공고를 세웠습니다. 시설이 좋고 선생님들도 수준이 높은 데다 장학금까지 주니 우수한 학생이 많이 몰렸습니다. 유일한은 학교운영은 선생님들에게 맡기고 자신은 뒤에서 지원만 했습니다.

선생님들이 부담스러워 할까봐 학교에 자주 가보지도 않고 가게 되더라도 연락 없이 살짝 가서 휙 둘러보고만 왔습니다.

유한공고는 유한양행의 투자로 지은 것이 아니고 유일한의 개인 돈을 기부하여 만들었습니다. 유한

양행과 상관없이 학교가 독자적으로 운영될 수 있도록 유일한은 자신 앞으로 배당된 주식을 유한공고에 여러 번 기증하곤 했습니다. 유일한은 학교 운영에 직접 관여하지는 않았지만 많은 애정을 쏟았습니다.

하루는 학교 교실 문이 고장나서 기술자를 불러 문을 고치는 것을 보고 안타까워했습니다.

"공고에서 이런 것은 학생들이 실습삼아 고쳐야지... 기술자를 부르다니."

학생들이 스스로 배울 수 있는 기회를 놓치는 것이 아까웠던 것입니다. 유일한은 학교를 매우 자랑스럽게 생각하여 외국에서 손님이 오면 꼭 학교를 소개했습니다.

유일한은 필요한 돈은 아낌없이 썼지만 평소에는 작은 것까지 절약하고 살았습니다. 절약정신과 애국심은 아버지 유기연에게 물려받은 것입니다. 아버지는 늘 공짜인 대동강 물도 함부로 퍼다 써서는 안 되고 필요한 만큼만 쓰라고 할 정도였습니다. 북간도에서 냉면 장사를 할 때는 식초를 필요 이상으로 많이 붓는 손님에게 식초값을 따로 내라 해서 싸운 적도 있었습니다. 식초를 낭비하는 모습을 참고 볼 수가 없었기 때문입니다. 그렇게 아껴 모은 돈이지만 독립운동을 위해서는 임시정부에 큰 돈을 냈습니다. 아버지 유기연의 애국심도 남달랐습니다. 9살짜리를 유학보내면서 열심히 공부해서 출세하라고 당부한 것이 아니라 나라를 위해 일하는 사람이 되어오라고 당부했습니다. 아버지는 북간도로 이사간 후에 조국을 잊지 않으려고 매일 아침 일어나면 애국가를 불렀는데, 일본이 북간도까지 지배하게 되자 이불을 뒤집어 쓰고 몰래 부른 사람이었습니다.

유일한은 미국에서 기독교인 자매 집에서 살 때도 검소하게 사는 생활을 보고 자랐고 고학하느라고 늘 돈을 아껴 쓰는 버릇이 몸에 배어서 부자가 된 후에도 자동차의 에어컨도 켜지 않았습니다. 가정부가 차려놓은 식탁에서는 늘 반찬이 많으니 줄이라 부탁했습니다. 외국에 출장을 가면 호텔방을 하나만 얻어 아랫사람과 함께 자자고 권유했습니다. 허튼 돈을 쓸 필요가 없다고 생각해서 체면 같은 것은 별로 고려하지 않았습니다. 그러던 유일한 이 새 만년필을 친구에게 자랑하여 친구가 왠일인가 놀랐습니다.

"무슨 마음으로 만년필을 새로 샀는가?"

"만년필을 19년간 쓰다가 고장이 났지 뭔가. 미국에서 공부할 적에 산 것이었는데 그때 설명서에 언제든 수리해준다 써 있었지. 그래서 미국으로 수리해 달라고 보냈다네."

"그리 오래된 것을 진짜 고쳐주던가?"

"그 회사에서 자기 회사 상품을 오래 써주어서

고맙다고 새 만년필을 선물로 보내주었지 뭔가. 신용을 지키는 회사를 만나니 기분이 좋네."

그는 물건을 하나 사면 평생을 쓰는 것이 원칙이었습니다. 절약하여 모은 돈을 꼭 필요한 사람들에게 쓰는 일이 그의 기쁨이었습니다. 형편이 어려운 학생이 학비가 필요하면 자신의 어린 시절을 생각하며 남모르게 도와주었습니다. 운영자금을 대야 하는 유한공고가 있는데도 다른 학교나 다른 기관에 도움이 필요하면 유한공고를 제치고 그 곳을 먼저 도와주기도 하였습니다.

"아니 왜 우리 학교를 먼저 돌보지 않으시고 다른 곳에 그리 후하게 기부를 하십니까?"하고 교장 선생님이 불평을 할 정도였습니다.

"우리 학교야 언제든 도울 수 있지 않은가. 급한 데부터 도와주어야지."

유일한에게 도움을 받아야 할 사람은 끝없이 나타났습니다. 그는 언제나 어려운 사람이 스스로 해결해 가는 것을 원칙으로 생각하였기 때문에 돈을 줄 때 그냥 주지 않고 스스로 갚아 갈 수 있는 조건을 제시하고 꾸어주었습니다. 그리고 가까운 친척이라도 함부로 도와주지 않았습니다.

유한양행의 발전을 위해 참신한 인재가 필요하다는 임원들의 뜻에 따라 유일한의 아들 유일선이 미국에서 한국으로 왔습니다. 변호사 개업을 하고 있던 일선은 아버지 밑에서 회사 일을 배우기 시작하였습니다. 그러나 미국에서 모든 교육을 받은 일선은 한국인들의 사고 방식을 잘 이해하지 못하여 아버지와 마찰이 생겼습니다.
"그건 합리적이지 않습니다."

아들은 사사건건 아버지 유일한과 의견이 달라 서로 답답하였습니다. 하루는 유일한이 아들 일선에게 물었습니다.

"나는 인생에 나라가 우선이다. 다음이 교육사업이고 그리고 기업, 다음이 가정이다."

"이해할 수 없습니다. 저는 가정이 우선입니다. 아버지 생각과는 정반대군요."

유일한은 아들의 생각하는 방식이 자기와는 전혀 다르다는 걸 알았습니다. 그리고 그런 식의 사고로는 유한양행을 이끌어가기 어렵다는 것도 느꼈습니다. 일선도 마찬가지로 아버지 방식대로 일하는 것은 불가능하다고 생각했습니다.

"아버지. 저는 미국으로 돌아가겠습니다. 아무래도 변호사 일이 제게 맞습니다."

일선은 결단을 내렸고 유일한도 아들의 의견을

받아들였습니다.

"그래. 내 생각도 그렇다."

일선은 미국의 어머니 곁으로 돌아갔고 그 곳에서 중국 여인과 결혼하였습니다. 호미리 여사도 일선도 그 후 미국서 계속 살았고 딸 재라는 미국인 남성과 결혼하여 가족 중에 순수한 한국 사람이라고는 유일한 혼자였습니다. 유일한은 한국에서 가족들과는 떨어져 혼자 살아야 했고 더욱 회사 일과 학교 일에 마음을 쏟았습니다.

하루는 YWCA 대표자들이 캠프장 시설을 지으려고 하니 소사 공장 뒤의 공터를 기증해 달라 부탁하였습니다.

"청소년들이 필요한 시설이면 지어야지요. 좋습니다. 땅을 기증하겠습니다."

유일한은 약속대로 땅을 기증하였는데 약속한 날

짜가 되어 가보니 아무 건물도 짓지 않은 걸 알게 되었습니다. 유일한은 너무나 화가 났습니다.
"급한 땅이라 하더니 아무 것도 짓지 않았군요.

필요도 없는 땅을 달라고 한 모양이니 도로 내놓으시오. 다른 필요한 곳에 기증하겠소."

　YWCA에서는 당황하였습니다. 땅을 확보했으니 느긋하게 일을 진행하며 여유를 부렸던 것이었습니다.

　"죄송합니다. 곧 지을 계획이었습니다."

　그리고는 곧바로 건축이 시작되었습니다.

유일한은 약속을 지켜서 서로 믿고 살 수 있는 사회가 되는 것이 무엇보다 중요하다고 생각하고 있었기 때문에 약속을 안 지키는 사람을 제일 싫어했습니다.

유한공고가 있는 동네에는 중학교가 없어 동네 주민들이 유일한을 찾아와 중학교를 세워달라고 부탁하였습니다. 유일한은 또 개인 돈을 들여 1966년에 중학교를 지었습니다.

회사일과 개인일을 엄격하게 구분하는 유일한은 자기가 먹을 약도 사원들이 이용하는 공제회에서 돈을 주고 사먹었고, 약 한 알을 공짜로 친척에게도 주는 법이 없었습니다. 세무 조사를 나왔던 세무서 직원들이 놀랄 정도였습니다. 많은 기업들이 장부를 조작해 세금을 적게 내려고 애쓰던 시절이었는데 유한양행은 유일한의 뜻대로 늘 정직하게 세금을 냈습니다.

"나라가 잘 되려면 국민이 세금을 잘 내야 됩니다."

1968년에 모범납세자로 선정된 유일한은 동탑산업훈장을 탔습니다. 세무사찰을 했던 국세청이 감동하여 〈국세청 선정 모범납세업체〉라는 동판을 새겨 주었을 정도였습니다.

나이가 많아져 건강이 점점 나빠지자 그는 일 년에 두 번씩 유언장을 고쳐 썼습니다.

"사람은 죽으면서 돈을 남기고 또 명성을 남기기도 한다. 그러나 가장 값진 것은 사회를 위해서 남기는 그 무엇이다."

그는 그 마음을 유언장에 담기로 했습니다. 회사는 전문경영인들이 알아서 잘 경영하고 있었고 학

교도 잘 운영되고 있어 걱정은 없었습니다. 병실에서 성경을 읽으며 친구들이 방문을 하면 농담도 하면서 견디었습니다. 그는 교회에 자주 나가지는 않았지만 늘 기독교적인 정신으로 자기 삶을 꾸려갔습니다.

"기업으로 해서 아무리 큰 부를 축적했다 해도 죽음이 임박한, 하얀 시트에 누운 자의 손에는 한 푼의 돈도 쥐어있지 아니하는 법이야."

그는 그렇게 말하며 평화롭게 자신의 죽음을 예감했습니다. 열심히, 후회없이, 하나님에게 부끄럽지 않게 살았기에 죽음도 무섭지 않았습니다.

1971년 3월 11일 76세의 신상이었던 유일한은 조용히 눈을 감았습니다. 장례식도 소박하게 치루어졌습니다. 그러나 한 달 후 그의 유언장이 공개되자 세상은 떠들썩했습니다. 유산을 받은 유일한 가족은 딸도 아닌 손녀 유일링이었는데, 대학 갈 때까지 쓸 학비 1만 달러 뿐이었습니다. 딸 유재라는 땅 5천 평을 물려받았는데 그것은 팔 수도 쓸 수도 없는 학교 뒤 유일한의 묘지 둘레 땅이었습니다.

아들과 부인에게는 한 푼의 유산도 한 평의 땅도 남기지 않았으나, 가족들은 이미 그의 성품을 잘 알고 있었으므로 아무도 서운해하지 않았습니다. 유산을 사회에 기증하고 더구나 회사를 가족도 친척도 아닌 전문경영인에게 맡긴 그의 유언장은 모두에게 놀라움을 주었습니다. 신문마다 그의 유언장을 보도하며 높은 뜻을 기렸습니다.

모든 재산은 사회로. 고 유일한 회장의 유언장, 큰 감동 던지다

다들 자식에게 한 푼이라도 더 남기려고 애쓰는 세상에 그는 자기가 힘들여 번 돈을 '사회에서 온 것이니 사회로 돌려보내야 한다'고 생각했고, 생각대로 실천했습니다.

  회사에도 가족은 한 명도 임원으로 남아있지 않아 그의 생각대로 그가 모은 재산은 전부 사회로 돌아갔습니다. 유한중·고교 재단이 가장 많은 유산을 상속받아 유한양행의 최대 주주가 되었습니다. 연세대학교와 보건장학회, 유한양행 사우 공제회 등에 기증한 주식까지 합치면 유한양행 주식의 55.3%를 공익사업기관이 소유한 셈입니다.

  유일한의 이름을 사람들이 잊을만한 세월이 흘렀습니다. 그런데 20년 후 유일한이 다시 사람들의 관심을 받게 되었습니다. 딸 유재라 덕분이었습니다. 유재라 여사가 사망한 후 유언장이 공개되었는데 아버지 유일한과 같은 방식으로 모든 재산을 사회에 환원시켰습니다. 보기 드문 아버지였고, 아버지를 꼭 닮은 딸이었습니다.
"그 아버지에 그 딸일세."

"유산 받은 것도 없었는데, 자기가 번 돈을 또 다 내놓은 것이잖아. 아깝지도 않은가."

사람들은 유일한의 소중한 뜻이 딸에게까지 이어지는 것을 보고 더욱 감동을 받았습니다. 그 후 한국에는 자신이 가진 재산의 일부나 재능을 사회를 위해 기증하는 일이 많이 늘어났습니다. 혼자 잘

사는 것만이 중요한 것이 아니라 다 같이 잘 살아야 더욱 행복하게 살 수 있다는 것을 다들 깨닫게 된 것입니다.

다른 기업들도 유일한의 기업경영 방법을 보고 많은 것을 깨달았습니다. 기업이 앞장서서 사회에 많은 봉사를 하는 것이 결국은 기업의 이미지를 높이고 소비자들에게 신뢰를 주는 더 좋은 방법이라는 걸 배운 것입니다.

그는 지금 유한공고의 뒷동산에 조용히 묻혀 있습니다.

아마 그는 지금도 한국의 하늘 위에서 조국을 걱정하고 한국 교육을 염려할 것입니다. 맨 손으로 조기유학을 갔던 작은 소년이 거대한 버드나무로 자라기까지 그는 한시도 쉬지 않고 자신의 능력을 키우기 위해 노력했으며 어떤 어려움에도 굴복하지 않았습니다.

　성실하고 유능한 기업가였고, 기독교 교리를 몸으로 실천했던 신자였으며, 교육자였고, 독립운동가였고, 민간 외교관이었으며, 사회사업가였던 그는 늘 푸른 버드나무로 우리 민족의 마음속에 살아 있을 것입니다.

유한양행 재직 당시 유일한 박사의 집무 모습

유일한 박사 연대기

1922년
대학동창 스미스와 동업으로 숙주나물 통조림을 생산하는 라초이 식품회사(La Choy Food Product Inc.)설립

1925년
호미리(胡美利) 여사와 결혼.
숙주나물 원료인 녹두 구매차 중국 상해를 거쳐, 고국을 떠난 지 21년만에 북간도에서 가족과 상봉.

1895년
1월 15일, 아버지 유기연과 어머니 김기복의 사이에 6남 3녀 중 장남으로 평양에서 태어남.

1895　　　　　1920　　　　　1925

1904년
대한제국 순회공사 박장현을 따라 미국 유학길에 오름.

1919년
필라델피아 한인자유대회에서 [한국국민의 목적과 열망을 석명(釋名)하는 결의문]의 기초작성위원 선임. 대회장에서 직접 낭독. 이곳에서 이승만, 서재필과 만나 활동.
미시건대학 상과 졸업.

1926년
세브란스 의전 에비슨 학장으로부터 연희전문 교수로, 부인 호미리 여사는 세브란스 의전 소아과장으로 초청 받음.
라초이 식품 등 미국재산 정리, 귀국준비.
귀국 직전 서재필 박사로부터 딸이 조각한 버드나무 목각화를 전해 받음.
유한양행 창립(12월 10일), 현 서울 종로 2가 덕원 빌딩에 사무실을 설치하고 초대사장으로 취임.

1942년
미육군 전략처(OSS) 한국 담당 고문으로 활약, 이때 노벨문학상 작가인 펄벅 여사와 교유.
LA에서 재미한인들로 무장한 맹호군 창설의 주역으로 활동(8월 29일). 본사를 소사공장으로 이전.

1946년
미국에서 8년 만에 귀국(7월). 3대 사장에 취임(8월). 사장 사임하고 회장에 취임(9월).
대한상공회의소 초대회두(회장)피선.
재차 도미(渡美) (12월)

1940　　　1945　　　1950

1941년
하와이에서 열린 해외 한족대회에서 집행위원으로 활약.

1945년
국토수복작전인 냅코작전(NAPKO Project)에 1조 조장으로 활동.
중경 임정 OSS작전과 양면전을 전개하려 했으나 해방으로 불발.
8.15 해방을 맞아 중국과 만주 및 38선 이북의 모든 기반과 자산을 상실.

1948년
스탠퍼드 대학원에서 국제법 수학.

1965년
[유한교육신탁기금 관리위원회]를 발족하고 개인주식 5만 6천주를 희사하여 교육 및 장학사업 확대.
국내 최초로 PAS원료 생산 개시. 극동 및 구미지역 시장 시찰 여행.
연세대로부터 명예법학박사 학위 받음.

1963년
개인소유주식 1만 7천주를 장학기금으로 연세대와 보건 장학회에 기증.

1960 | **1963** | **1965**

1962년
제약업계 최초로 주식을 상장(上場). 유한치약 생산 개시. 대방동 신사옥 준공과 함께 본사 이전. 속초 어간유제유소를 속초주산공장으로 개칭. 미국 맥스팩토사와 기술제휴로 화장품 생산 개시. 재단법인 [유한학원] 설립.

1964년
[한국고등기술학교] 개교(3월). 학교법인 유한재단을 설립하고 영등포구 항동에 [유한공업고등학교] 건립(12월).

1968년
모범납세자로 선정되어 동탑산업훈장 수훈. 국내 최초 IBM 전자자료 처리실 설치. 일본 스미또모 화학과 기술제휴. 의약정보지 [버들불리틴] 창간.

1970년
미국 킴벌리 클라크(주)와 합작으로 유한킴벌리주식회사 설립(3월). 안양 합성 공장 및 유한킴벌리 공장건설 준공.
국민훈장 모란장 수훈.

1991년
기업 경영인의 귀감이 되어 중앙대학교로부터 참 경영인상 추서.

1996년
정부로부터 6월의 문화인물 및 독립운동가로 선정.

1970　　**1990**　　**1998**

1971년
유일한 박사 76세를 일기로 영면(3월 11일).
고 유일한 박사에게 국민훈장 무궁화장 추서.
유한양행 대통령표창 받음.
유일한 박사 유언장에서 전 재산 사회에 환원.

1998년
조선일보, 한겨레신문, 매일경제신문 등에서 '한국을 빛낸 역대 인물'로 선정.

1995년
자유독립과 국가발전에 기여하여 건국훈장 독립장 추서.